A toi

Numéro du livre dans la collection : 24

Textes de Bernard Brunstein

© Bernard Brunstein pour les illustrations - http://peinturedebernard.over-blog.com/

ISBN : 9782322156467

Poèmes et Peintures de Bernard Brunstein

Lou mieu noum de maioun
noum es dou pais
ma ieu sieu d' aqui

Ex Libris de bernard Brunstein

IEU N'AVES

Lou mieu noum de maioun noun es dou pais

Mon paire che m'a donna la vida

Es vengu per la guera

Lo soleou , la mare,la terra,

Aves sposa una pichina frema d'aqui

Ieu n'aves pas un nom dau pais

Ma aves una parte de li rais dintre la terra

Do pichin villadge de Gorbio

Percate sus lo pico

Li Basin,li Rocca,li Raimondi

Li Vial,li Maulandi

Era ma généalogie

Ieu n'aves pas un nom dau pais

Ma ieu sieu d'aqui

Il elle

Il elle était beau c'était mon bébé

Lui elle je les ai aimé

Personne ne m'avait préparé

A cette éventualité

Qu' un jour il serait différent

Enfin à mes yeux pas vraiment

Il elle inversion d 'un sujet

Ce n'est pas grave il suffit de l'accorder

Quand il,elle était tout petit dans mes bras

Tout le monde l'aimait alors pourquoi

Serais je aujourd'hui dans l'embarras

Car il elle est diffèrent de moi

Il aime lui elle aime elle

La nature joue à l'alchimiste

Dans un mélange qui explose et étincelle

Décide sur la corde en équilibriste

Que il elle masculin féminin

Sera sa vie demain

On les appelle gay, lesbienne

Pour moi qu'a cela ne tienne

Il est difficile

Il est difficile de suivre les gens
Quand ils marchent dans leur tête
Leur pourquoi leur peut être
Que personne n'entend
Un mot mal compris
Une réponse, un non, un oui
Devient pour eux intolérable
Un problème insurmontable
La conversation s'arrête
Par un « laisse tomber »
Qui vous laisse là interloqué
A votre tour vous marchez dans votre tête
Dans un monologue sans fin
Qu'ais- je dis de terrible, de travers
Vous vous repassez le film à l'envers
En cherchant à comprendre mais en vain
Il est difficile de suivre les gens
Quand ils marchent dans leur tête

Il suffit que

Il suffit que je pense à tes yeux
Pour y voir la rose du matin
Mignone tu vois on écrit pour demain
Hier c'était un jour heureux

Allons voir si notre amour
je sais étais éclose
Dans ce jardin dont la porte est close
Pour que toi moi pour toujours

Tu imagines nos deux cœurs
Au tempo un deux trois
Comme une valse qui se trompe d'heure
Un deux tu es moi je suis toi

Il suffit que je pense à tes yeux
Itinéraire de mon monde heureux

Il y a des jours

Il y a des jours comme ça
Où juste allongée et courbée
On fait le vide
La nature nous fait rêver
Nue et à terre
Elle nous empêche de déprimer
Elle prend la forme de notre corps
Elle nous épouse à merveille
Un peu comme une tenue festive
Sur laquelle on reste indécis
Pour étouffer nos rancœurs
Voilà je suis prête à partir
Dans ce voyage
Où beaucoup en reviennent heureux
Légal ou illégal
Les couleurs s'assemblent et s'unissent
Un spectacle éphémère
Pour toujours dans nos cœurs
Restera la lumière

Il y a des jours où

Il y a des jours où je voudrais te prendre la main
Faire avec toi ce petit bout de chemin
Sur le parcours de notre vie
S'accorder un moment de répit

Renverser le sablier du temps
Se dire tu vois juste un moment
Oublier le monde qui nous entoure
Laisse moi être ton troubadour

Je ne suis qu'un petit papillon
Qui butine ton cœur
Je suis de toutes tes saisons
Ensemble jouons la symphonie du bonheur

Fragile je sais qu'un jour
Sur le carton de notre amour
Je serais pourtant épinglé
Souvenir de notre éternité

Il y a des jours où notre âme,

Il y a des jours où notre âme, notre esprit
Prend la couleur du temps
Grisaille qui s'accroche malgré le vent
Qui souffle dans notre tête, un air aigri

Elle m'enveloppe comme un cocon
Fait disparaître les lambeaux de raison
Dans ce monde je me pose des questions
Pourquoi ? qui peut me faire une suggestion

Ma Muse prend l'allure d'une mante religieuse
Comme le brouillard elle m'entoure
Me fait douter des sons elle me rend sourd
Moi qui la regarde comme une image pieuse

Ma muse aujourd'hui à la couleur du brouillard
Ce soir seul souffle un air de blizzard
Demain peut être une éclaircie
Le temps parfois nous accorde un sursis

il y a des jours, assis

Il y a des jours, assis devant ma table
Mon esprit en équilibre instable
S'aventure sur des chemins torturés
A la recherche d'une possible vérité

Il y a des jours, je regarde mon age
Pyramide qui s'élève en étage
Diminuant à mesure que passe le temps
La structure de son soubassement

Il y a des jours je regarde mes enfants
Reflets de mon moi, passé, présent
Maillons d'une chaîne
D'amour et de peine

Il y a des jours j'ai envie de déployer la voile
Partir envelopper dans la toile
Disparaître dans la brume du matin
S'enfoncer dans les flots comme un vieux marin

Il y a son regard

Il y a son regard
Qui ne laisse rien au hasard
Il exprime ses maux
Pas besoin de phrase ni de mot

Pour entendre son message
Impassible est son visage
Reproche comme une sentence
Au delà du temps et de la distance

Ses yeux ont la profondeur
Du chagrin de son cœur
Qui sait qu'au-delà de toute vérité
Tout ne peut être réalisé

Il y a le vrai et le virtuel
Sa raison à besoin du réel
Son regard est la porte ouverte de son âme
Qui reflète son amour de femme

Il y a parfois

Il y a parfois des odeurs sublimes
Qui te rappellent de divins souvenirs..
C'est dans ces moments ultimes
Que l'on songe à nos désirs
Parfum étrange qui nous transporte
Courant d'air entre deux portes
Qui s'ouvrent entre deux mondes
Comme un feu follet qui vagabonde
Le réel et le virtuel
Le lui et le Elle
Rencontre d'une image intemporelle
Et d'une senteur immatérielle
Comme la madeleine
Intellectuelle zone érogène
Qui déclenche le plaisir
Et embaume pour adoucir
Cet instant magique
Souvenirs magnifiques
Que notre cerveau idéalise
Comme une lettre à élise

Imaginez juste un doigt

Imaginez juste un doigt
On ne peut pas compter il était une fois
Et pourtant il est le plaisir
Il bat la mesure de ton désir

Il est ce que tu veux
Juste la ou il faut un peu
Il écrit en lettre majuscule
Ton nom sans mettre de virgule

Ni point pour marquer l'arrêt
Notre musique ne pourrait
D'un silence justifiait
Un tempo qui marquerait

de ton corps je suis le chef d'orchestre
qui se veut et qui croit être
un virtuose qui joue sans partition
une symphonie de notre union

avec juste un doigt
je bas la mesure
il était une fois
écoute c'est notre aventure

IL EST FACILE

Il est facile d'écrire
Sur une feuille aligner quelques mots
Encore faut il qu'ils puissent dire
Une réponse à nos maux

L'écriture est une forme Thérapeutique
Nos pensées se traduisent en signes calligraphiques
Message pour nos contemporains
Ou simple phrase sans lendemain

Nos paroles s'envolent, nos écrits restent
Protection dérisoire qui fait fuir la peste
Qui envahie notre tête, notre cœur
Certain jour de noirceur

Il est tombé

Il est tombé ! !

Depuis quarante ans, il empêchait

Les hommes, les femmes de s'exprimer

Il est tombé ! !

Ce mur de la honte

Des poitrines un grand cri monte

Souffle du vent Liberté

Tandis qu'en France

Certains, avec arrogance

Pour une affaire de voile

Ont ressorti la croix, l'étoile

A l'est, meurt le communisme

A l'ouest, on crie le racisme

Il est tombé ! !

Mais n'a pu avec lui écraser

Les idées d'intolérance

Qui ont la ressemblance !

Avec celles d'un certain passé

Il est tombé ! !

Comme tombe un symbole !

Petit rien, petite obole

Dans l'escarcelle, des Vérités

Qui construiront demain LA LIBERTE !

Il reposait

Il reposait

Il reposait dans sa tombe

Avec le temps devenait une ombre

La Mort, la grande faucheuse

Avait déposé sa couverture frileuse

Il reposait

Il reposait dans sa tombe

Avec le temps devenait une ombre

La Mort, la grande faucheuse

Avait déposé sa couverture frileuse

Au-delà du visible, dans ce monde inexpliqué

Rien ne pouvait le distinguer

Seul, sur une dalle gravée

Son nom, son passé

Ont attiré sur lui,

Dans la lâcheté d'une nuit

La haine raciale

Ils ont profané les dalles

Et sur un parasol de bazar

Ils l'ont empalé

Comme pour de nouveau le tuer !

Il était juif est ce un hasard ?

Il reposait dans sa tombe

Avec le temps devenait une ombre

La Mort, la grande faucheuse

A tous les morts avait promis, menteuse !

Qu'ils devenaient tous frère !

En prenant la couleur poussière

Il y a des jours

Il y a des jours où je souris
Il y a des jours où tout est gris
Je parle, je marche dans ma tête
Comme un mendiant je fais la quête !
A la recherche de quelques pièces de bonheur
Dans l'escarcelle de mon cœur

Il y a des jours où tout est bleu
Il y a des jours je vois la vie au fond de tes yeux
Je ris, je danse, je fais la fête
Comme un pantin, une marionnette
Qui par les fils de l'amour tressé !
S'est mis à vivre, a espérer

Il suffit

Il suffit que je trempe

Ma plume dans l'encrier de votre cœur

Pour que ma tête compose

Des phrases de douceur

Écriture de mon âme

En noir ou en bleu

Pour vous belles dames

J'écris je suis heureux

Mes mots se bousculent

Et veulent s'écrire en majuscule

Pour exprimer ma pensée

Et de vous se faire aimer

Je ne compte plus les ratures

Simplement pour une mauvaise tournure

La feuille à peine commencée

Termine au panier

Mon esprit déambule

Sur la page blanche glacée

Un point, une virgule

Le texte est presque terminé

Pourrais-je un jour vous les lire

Vous qui passait sans me regarder

Vous l'objet de mon délire

Oserais-je vous l'avouer

IMPRESSION

Un parfum, un regard,

Des mots, des phrases, des propos

Tout se mêle au hasard

Dans une histoire, un imbroglio

L'amour, l'amitié, la tendresse

Dans un grand cri de détresse

Se superposent dans ma tête

Comme une musique un soir de fête !

Sur le chemin de la vie

Il faut souvent faire un choix, un tri

Dans le tourment de nos idées

Chercher sa voie, sa vérité

Instant

Ce matin je me suis réveillé
Les cheveux en broussaille
Le soleil n'était pas encore levé
Je ressemblais à un épouvantail

Je faisais fuir mes idées noires
Poussant les nuages gris
En me regardant dans le miroir
Un rayon de soleil me surpris

Il jouait avec la couleur de mes yeux
Un marron noisette d'automne
Une couleur un peu friponne
Peinture en camaïeu

Editeur : BoD-Books on Demand, 12/14 rond point des Champs Élysées, 75008 Paris, France
Impression : BoD-Books on Demand, Norderstedt, Allemagne
ISBN : 9782322156467
Dépôt légal : mai 2017